# RACHEL IP · CRAIG SHUTTLEWOOD

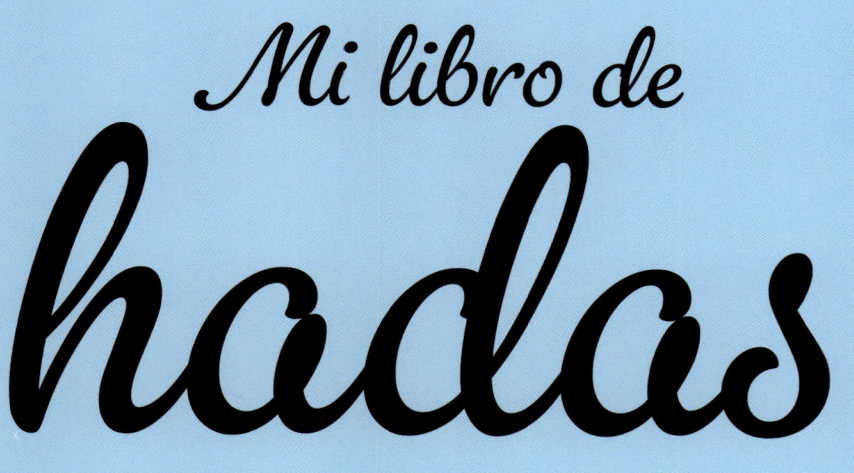

## Mi libro de
# hadas

## UNA GUÍA PARA PRINCIPIANTES

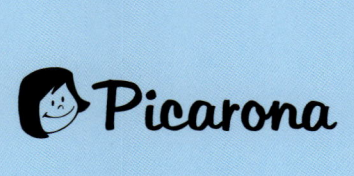

Picarona

# ¿Qué es un hada?

Míticas y mágicas, temibles y fascinantes, las hadas han formado parte de nuestro **folclore** y nuestros **cuentos de hadas** durante miles de años.

¿Pero qué es un hada? ¿Son felices y serviciales, o son pequeñas traviesas? ¿Sabías que no todas las hadas tienen alas? Y no todas ellas son pequeñas.

¿Puedes distinguir una pixie

de un goblin

o un elfo

de un gnomo?

Que este libro sea tu guía práctica sobre las hadas de todas las formas y tamaños.

**¿CREES en las hadas?**

# Hada pixie

Las hadas pixies son hadas **traviesas** que viven en los bosques. Son muy **bromistas:** apagan velas, golpean ventanas e incluso roban caballos. Les encanta bailar al son de la música de los grillos, los saltamontes y las ranas.

Una pizca de **polvo mágico de pixie** puede ayudarte a volar, hacerte invisible o abrir portales a otros mundos.

# Cómo detectar a una pixie

Normalmente van vestidas de verde.

Tienen orejas puntiagudas y sombrero.

Dejan un rastro de pequeñas huellas brillantes.

Puntuación de travesuras:

4/5

# Goblins

Los **goblins** son espíritus domésticos, tímidos y serviciales. Salen por la noche para limpiar y ordenar.

A los goblins les encanta trabajar con animales y, a veces, gastan **bromas** a su familia.

Deja una silla vacía junto al fuego para que tu goblin descanse, pero NUNCA le des ropa nueva, ¡o se enfadará y desaparecerá para siempre!

# Cómo detectar a un goblin

- Casi siempre son varones.
- A menudo van vestidos con harapos.
- ¡A veces van desnudos!

Puntuación de travesuras: 3/5

# Círculos de hadas

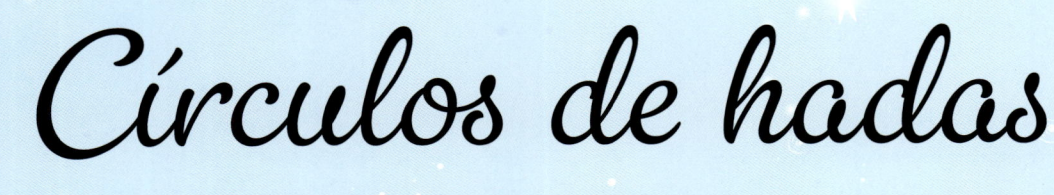

Un círculo de setas se llama «círculo de hadas», «círculo de elfos» o incluso «círculo de brujas». Se dice que los círculos de hadas son creados por **hadas** o **elfos que bailan.**

Algunos dicen que, si entras en un círculo de hadas, te vuelves invisible o te ves obligado a bailar toda la noche. Otros creen que los círculos de hadas son quemados en el suelo del bosque por las colas de dragones de fuego.

¿Qué es lo que crees?

¡NO TOCAR!
Algunas setas
son venenosas.

# Duendes

Los duendes traen buena suerte. Les encanta la **música** y el **baile,** y suelen tocar el violín o el arpa. Fabrican y reparan hermosos zapatos para las hadas, ya que estos se desgastan al bailar durante toda la noche.

Muchos creen que los duendes entierran ollas llenas de oro al final del arcoíris. Es difícil llegar al final del arcoíris, por lo que su tesoro está bien escondido.

# Cómo detectar a un duende

Van vestidos de rojo o verde.

Tienen zapatos con hebillas.

Sus calcetines son verdes y a rayas.

Puntuación de travesuras:
3/5

# Ninfas

Las **ninfas** nunca andan demasiado lejos, protegiendo todos **los elementos de la naturaleza.** Algunas tienen trescientos años, ¡viven el doble que las tortugas!

Los árboles protegidos por las ninfas tienen ojos o incluso caras en los patrones de su corteza. ¿Has visto alguna cara amiga en los bosques cercanos?

Cuando las ninfas de las nubes lloran, se forman nubes de tormenta y empieza a llover.

# Cómo detectar a una ninfa

Las encuentras
en la naturaleza.

Tienen tamaño humano.

Brillan intensamente.

Puntuación
de travesuras:
2/5

# El reino de las hadas

Algunos creen que las hadas viven junto a nosotros. Otros creen que viven en mundos diferentes. ¿El **reino de las hadas** está sólo a un paso de distancia?

# Puentes de hadas

Da mala suerte cruzar estos puentes sin saludar a las hadas.

# Fuertes de hadas

Cortar árboles o plantas cerca de estos portales al reino de las hadas perturba y enfurece a las hadas.

NO MOLESTAR

# Puertas de elfos

Estas puertas diminutas tienen el tamaño perfecto para los elfos y las hadas.

# Montañas de los trols

Los trols se convierten en piedra con la luz del Sol. ¡Las caras congeladas en las rocas o los acantilados pueden significar que hay trols cerca!

# Gnomos

Los gnomos viven en las raíces de los árboles o bajo tierra, protegiendo **tesoros** enterrados y ayudando a las **plantas** a crecer. Son siete veces más fuertes que los humanos y se cree que viven cuatrocientos años.

Los gnomos son **amables** y **simpáticos,** y ayudan a los granjeros con las cosechas y los animales.

Sólo se quitan el gorro a la hora de bañarse o de acostarse.

# Cómo detectar a un gnomo

Llevan gorro alto rojo o verde.

Tienen barbas largas y tupidas.

Se ven a menudo en jardines.

Puntuación
de travesuras: 1/5

# Diablillos

Los diablillos son unos **granujas.** Son revoltosos y astutos, cambian de forma o incluso se vuelven invisibles. Esto les permite espiar fácilmente a las personas y gastarles bromas.

Además de grandes alas, algunos tienen **cuernos** y colas. Pueden conjurar fuego y a menudo trabajan con brujas o brujos.

# Cómo detectar a un diablillo

Alas grandes.

Cuerpo huesudo y cuernos.

Dientes afilados.

Puntuación
de travesuras:
5/5

# ¿Cuánto mides?

¿Eres tan alto como un trol? ¿Tan pequeño como el Hada de los dientes?
¿Tienes la misma altura que un goblin? ¡Mídete con el reino de las hadas!

Hada de los dientes
10 cm

Fuegos
fatuos
15 cm

Campanilla
18 cm

Pixies
30 cm

Diablillos
60 cm

Elfos
90 cm

Goblins
90 cm

Duendes
60-90 cm

Gnomos
15 cm

# Trols
## 365 cm

Adultos
(más altos)
175 cm

Adultos
(bajitos)
160 cm

Ninfas
150 cm

Niño de 5 años
110 cm

Niña de 3 años
90 cm

\* Una nota sobre cómo medir a las hadas

Las hadas son difíciles de encontrar (¡y de medir!). Su altura puede variar según la región y los diferentes folclores o cuentos de hadas.

# Trols

¡Cuidado con los TROLS!

Si es posible, evita a los trols. Son criaturas temibles y **hostiles.** La mayoría son peligrosos y no muy inteligentes, aunque algunos trols más pequeños pueden ser amigables y **juguetones.**

Los trols explotan o se convierten en piedra con la luz del Sol, por lo que sólo se encuentran en lugares oscuros y lúgubres.

Si miras con atención, a veces puedes ver la cara petrificada de un trol congelada en acantilados y rocas.

# Cómo detectar a un trol

¡Tienen una, dos
o incluso tres cabezas!

Pueden tener sólo un ojo.

Se encuentran bajo puentes.

Puntuación de
travesuras:
4/5

# Fuego fatuo

NUNCA sigas las llamas azules parpadeantes de un fuego fatuo. Estas peligrosas bolas de fuego mágicas desvían a los viajeros de su camino.

Algunos dicen que son guardianes fantasmales de tesoros ocultos. Otros, que son linternas mágicas llevadas por elfos.

Son muy poco frecuentes, ¡nadie ha visto uno en más de cien años!

# Cómo detectar un fuego fatuo

Son luces azules y brillantes.

Flotan sobre el suelo.

Se encuentran cerca de pantanos y ciénagas.

Puntuación de travesuras: 4/5

# Elfos

Los elfos son conocidos a veces como «el pueblo oculto» y suelen ser invisibles. Viven en las rocas y son en su mayoría **inofensivos** y **amigables.** Les gusta remar en barcas, recoger bayas y cuidar de los animales.

NUNCA muevas las rocas encantadas de los elfos o se enfadarán. A veces se construyen caminos alrededor de las rocas, ¡para que los elfos no sean molestados!

# Cómo detectar a un elfo

- Tienen orejas puntiagudas.

- Se encuentran cerca de rocas o colinas.

- Son difíciles de encontrar: ¡a menudo son invisibles!

Puntuación de travesuras:
3/5

# Hadas famosas

## Campanilla

La diminuta Campanilla es tan pequeña que cabe en la palma de la mano. Su voz suena como pequeñas campanas de oro.

El amigo de Campanilla, Peter Pan, pidió a los niños que aplaudieran para demostrar que creían en las hadas.

## Rumpelstiltskin

Rumpelstiltskin es un duende de temperamento fogoso que puede convertir la paja en oro.

## El Hada madrina

Esta famosa hada madrina transforma los harapos de Cenicienta en un precioso vestido de gala.

¡Podrás ir al baile!

# El Hada de los dientes

El Hada de los dientes, o el Ratoncito Pérez, recoge los dientes de leche que se les caen a los niños y deja una pequeña moneda o un regalo debajo de la almohada de éstos mientras duermen.

## Cómo detectar al Hada de los dientes

**Espera a que se te caiga un diente.**

**Déjalo debajo de la almohada.**

**Intenta mantenerte despierto... ¡zzz!**

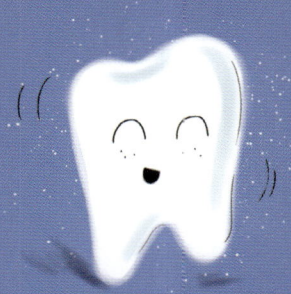

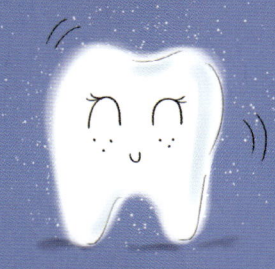

# ¿Crees en las hadas?

¿Hay un goblin bondadoso en una casa cerca de ti? ¿Hay una olla llena de oro al final del arcoíris?

En todo el mundo, la gente cree en pixies juguetonas y elfos encantadores, en seres mágicos y míticos.

Las hadas son fáciles de encontrar en los cuentos, ¡pero difíciles de encontrar en la vida real! **¿Cuántas hadas puedes encontrar en este jardín?**

¡Aplaudid si creéis
en las hadas!

*Para Amy y Megan*
R. I.

*Para Bella y Emmy*
C. S.

Puedes consultar nuestro catálogo en www.picarona.net

Mi libro de hadas
Texto: *Rachel Ip*
Ilustraciones: *Craig Shuttlewood*

1.ª edición: abril de 2026

Título original: *My Book of Fairies*

Traducción: *Júlia Gumà*
Maquetación: *El Taller del Llibre, S. L.*
Corrección: *Sara Moreno*

Edita: Picarona, sello infantil de Ediciones Obelisco, S. L.
Collita, 23-25. Pol. Ind. Molí de la Bastida
08191 Rubí - Barcelona - España
Tel. 93 309 85 25
E-mail: picarona@picarona.net

ISBN: 978-84-9145-897-5
DL B 19.202-2025

*Printed in China*

MIXTO
Papel | Apoyando la
silvicultura responsable
FSC® C144853
FSC
www.fsc.org